なぜ親は うるさいのか

◆

子と親は 分かりあえる?

田房永子

筑摩書房

親はたいがい
うるさい
ものである

ねちねちうるさい
なんなのォ この成績は
ちくちくちくちく
家の手伝いもしないし ったくアンタは
こないだもあんなことしてもうやめてよー?!
ブツブツ
すぐけなしてきてうるさい
あそこのうちの子○○大学入ったんだってな お前は無理だろうなァ
はっはっはーっ
爆音系うるさい
こんな遅くまでどこ行ってたんだッ
もう帰ってこなくていいーッ!!
どっちやねん
アドバイスがうるさい
勉強はあーしたら?こーしたら?部活はどーするの お母さんはあーしたほうがいいと思うの!・あッでもあれもいいかもね 将来はこーしたら
ハァ〜

子どもが反応すると
うるさいっっ!!

親はこんなふうに返してくる
なによっ あんたのために言ってあげてるんでしょッ
そのまま社会に出たら苦労するんだからネッ
あなたのため返し
ほら そーゆーとこ お父さんにそっくり
お父さん巻き込み返し

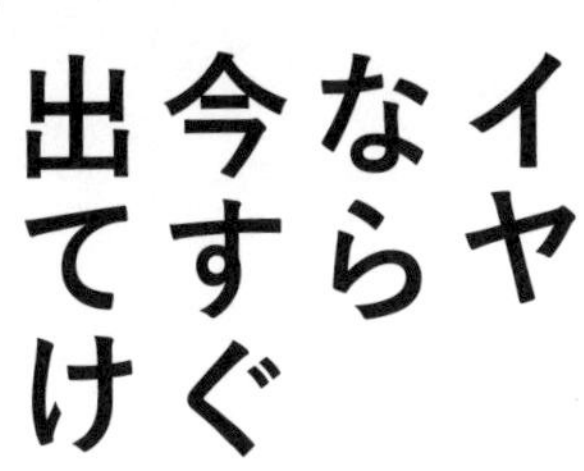
親に向かって なんだ その口の ききかたは
イヤなら 今すぐ 出てけ
極端返し

イヨオッ 威勢が いいねェ
このこのォ
コラッ
お父さんに そんな言い方 しないのッ
ひやかし返し
割り込み返し
なんでそんなこと 言うのォ〜
お母さん 体調悪く なっちゃう
ぐすん メソメソ
急に弱り返し

親に そう返し 続けられたら
ぐ
子どもは 何も 言い 返せない

私のお母さんも非常にうるさかった
お母さん
部屋片づけなさいよ!
勉強もやってるの?!
寒いよ!!そんな服じゃ風邪ひく!!寒いよ!!
あうあ…….

14歳の私
ひとりっ子
わかってるようるさいなー!!

この本は人一倍いや人の100倍うるさいお母さんに
育てられた私の「お母さんがうるさくてイヤだった出来事」を

3つの視点から
うるさいんだよ
中高生の私
なにがなんだかわからない
私はこうしてほしかったんだ
成人した私
子ども側の気持ち
何がどうイヤだったのか
うるさかった出来事
親になった私
親側の事情
こういうことだったのか…
解説し対処法を紹介する

分かりやすくするため「お母さんと娘」の1対1の関係で書いているが
父・保護者など
息子など
どんなパターンでも当てはまるので自分のケースに置きかえて読んでもらってかまわない
性別や血のつながり、人数等は関係なし

対処法はうまくできなくても大丈夫
ただそういう方法があると知るだけでOK!
さあ未知なる親のうるささの秘密に迫ろう

目次

第1章

うるさかった私のお母さん

私のお母さんのうるささ
勉強勉強!!
早くしなさい!!
ほらほら早く早く
こーしろあーしろ
生活上の注意がうるさいのはもちろん

どうしてそうなるんだ?
謎の「うるさい」もあった

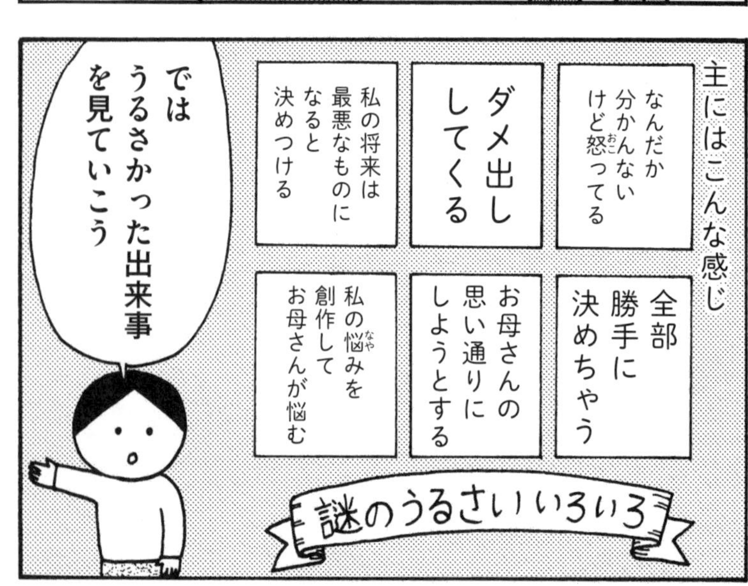
主にはこんな感じ
なんだか分かんないけど怒ってる
ダメ出ししてくる
私の将来は最悪なものになると決めつける
全部勝手に決めちゃう
お母さんの思い通りにしようとする
私の悩みを創作してお母さんが悩む
ではうるさかった出来事を見ていこう
謎のうるさいいろいろ

なんだか分から
ないけど怒ってる
親と子どもたちの集まり
わいわい
5歳くらいの私

じーー
わい
わい

じゃーねー
バイバーイ

お母さんと2人きりに
なると

ねえあなたは
どうして
ああいう
ことを
するの？
びっくん

もうしないでよね！
なにがなんだか分からないけど

まったく！
しゅ〜ん
楽しい気分はゼロになった

ダメ出しの学芸会
小学3年生の時
桃太郎をやった
板で作られた桃

私はセリフの多いおばあさん役に
立候補

当日しっかり演じた
灰色の毛糸で作ったカツラ
おじいさん役の三田くん

最後のごあいさつの時
日

三田くんが立つ位置をまちがえていて
後ろの子たちが幕で見えなくなっていたので
キンチョー

三田くんに合図した
もっとあっちだよ
ガチ
ガチ

終演後　お母さんのところへ
行くと
どうだった？

なんなのよ最後の！
隣の子グイグイ押してみっともない！
わいわい
パシャ
よかったよ～

あれは
他の子が
見えなく
なってて
だからっ
あのっ
あ——
やだやだ

恥ずかしいっ!!
ガーン
とりつく島もなく

そのあともことあるごとに
蒸し返され
こーんなふうに
グイグイ
押してさァ〜
ほーんと
みっともなかったぁ〜
おばあちゃん
あ〜〜
ほんと
恥ずかし
かった〜〜
おばあちゃんに報告された

あんまり
言われるから
自分が
学芸会を
台無しにして
しまったと
落ち込み

次の
学芸会
では
「村人D」に
した
セリフ1コ

なんだかよく分からないが
お母さんの言うオシャレとは
シャツにワンポイント刺しゅうするとか
靴をラインストーンでデコるとか
そういう工夫のことらしかった

だからと言って具体的に教えてくれるわけでもないので
刺しゅうなんて入れないけど
ダセェ…
漠然と
あんたが着てる服ヘンすごくヘン
という意味にしかなっていなかった

そんな時　学校でシャツを縫った
ちゃんとシャツになった！
これ着て出かけるんだ——
えッ

ダメよ！そんな自分で作ったのなんて！
みっともないっ！
え?!
なんで?!いいじゃん
外に着てくもんじゃないのよ！
結局　着なかった

小学校の時はお母さんが服を選んでいた
チクチクするモヘアセーター
お花のニットカーディガン
赤毛のアンみたいなカントリーなワンピース
アメリカンな顔写真がいっぱいプリントされたパーカー
ペイズリー柄のシャツ
・どこに売っているのか謎な服
・大人にウケのいい服

イケてる服を着てる友達がうらやましくて
アキエちゃんの服いーなーどこで売ってるの?
○○ってスーパーマーケットだよ
STAR
○○っていうとこの服が着たい
ダメ!オシャレじゃない!!

だからもっとオシャレしなさいよ
どうしてしないの?
なんて言われると
だって私がオシャレだと思うのは
オシャレじゃないって言うし
どうすればいいの??
??
気持ちがグシャグシャになった

全部 勝手に決めちゃう
小学5年生の時
今週で習い事全部やめるよ塾に通うから
え??

やだよなんで??
中学受験するんだよ
そもそも全部お母さんが決めて始めた習い事だけど
勝てる!入試
週に何日も塾に行くなんて遊べなくなってしまう

受験なんてしたくない!
遊びたい!
するんだよ
しないよ!
するの
しない
するんだよ
しないからね!
メラッ

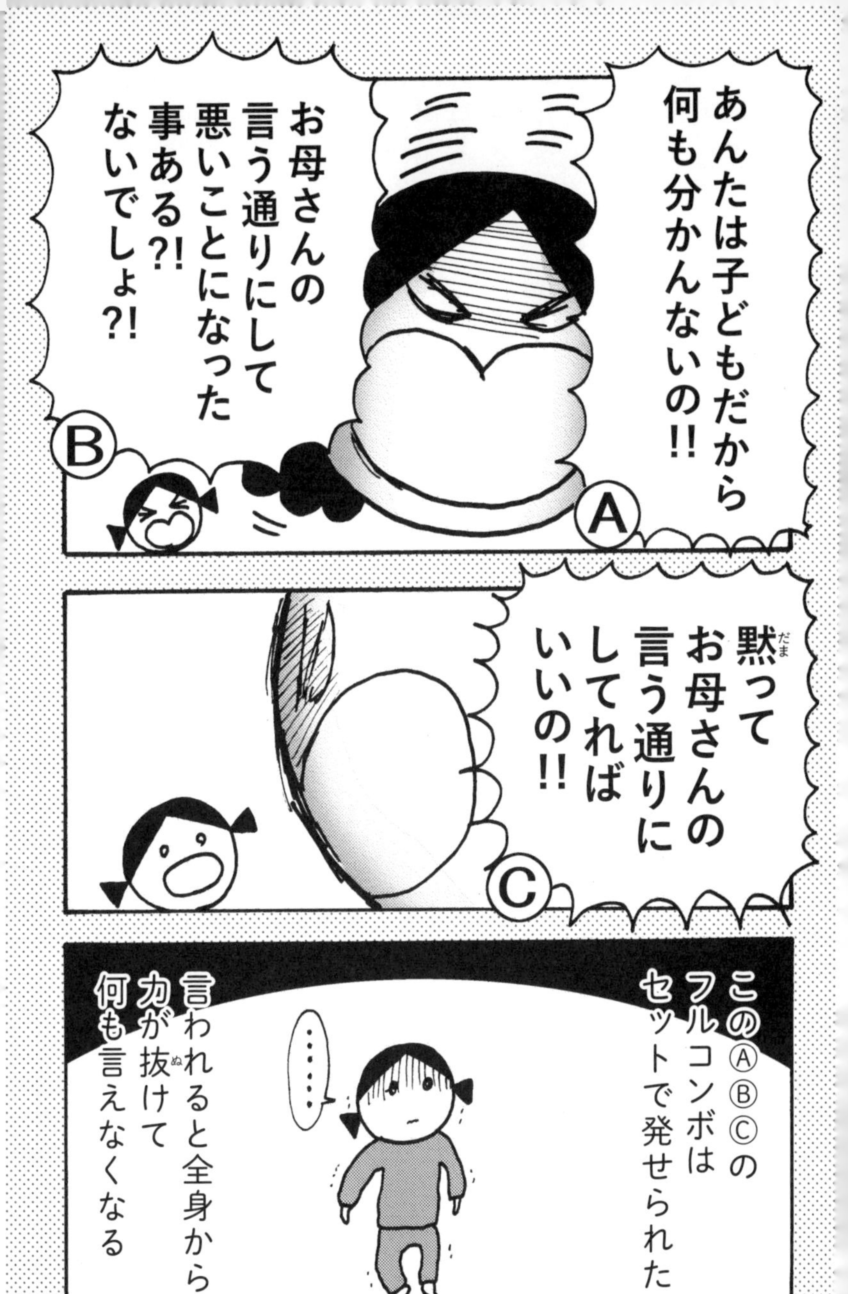
あんたは子どもだから
何も分かんないの!!
Ⓐ
お母さんの
言う通りにして
悪いことになった
事ある?!
ないでしょ?!
Ⓑ
黙(だま)って
お母さんの
言う通りに
してれば
いいの!!
Ⓒ
このⒶⒷⒸの
フルコンボは
セットで発せられた
……
言われると全身から
力が抜(ぬ)けて
何も言えなくなる

知らないうちに家庭教師もついていた
やる気ゼロ
ねぇ やる気出そうよ？
せっかく受けるのに落ちちゃうよ？
塾とかのお金おばあちゃんが出してくれてるんだよ？
悪いと思わないのォ？
だから受験なんかしなくていいって言ってるじゃん
口答えしようものなら
ⒶⒷⒸ!!
ⒶⒷⒸ!!
フルコンボの刑なのだった
その後 お母さんのお気に入りの私立中学に合格
これでやっとお母さんがうるさくなくなる!!

ところがなぜか
さらにうるさくなった
私立中学に
行かせて
もらって
ありがたいと
思わないの?!
誰が高い学費
払ってやってると思ってるんだ!!
あんたが
自分で選んだ
道でしょ?!
はぁ??

なぜか 私が
頼んで
私立受験
したみたいに
なってる
無理矢理
受験させたの
お母さんじゃん

こんな成績で
どーするの?!
中間テスト
結果

先生から
中学やめて
くださいって
言われたら
どうするの?!
他の子たちが
学校に
行ってる間
何の仕事
するの?!
路頭に
迷うわよ!
??
中間テスト
結果

そのうち
分かった…お母さんがなんとかしてあげるから…
誰が悩んでるのかよく分からなくなってきて
？私か？
そしてお母さんの出す答えは家庭教師！
よろしくお願いします
また?!
何人目だよ

理想を押しつけてくる
○○さんの子は家族の夕飯作ってるってアップルパイまで焼くんだって
××さんちの子は運動が大好きで朝6時から朝練してるって
あんたも少しは見習ったらぁ？

こういう娘を求めているようだ
清潔感100%
はきはきして大人に礼儀正しい
早寝早起き
カバンの中も部屋もキレイ
善良な友達たくさん
健康的なスポーツ部を楽しんでいる
成績上位
少ないおこづかいの中でやりくりしてオシャレをする(お母さん好みの)
今週の土日も私が夕飯作るね！ビーフシチューよ！お楽しみに！
アップルパイも挑戦しちゃう

ねぇどうして?
なに言ってんだこの人
と思いつつ
えっごはん作るの?
うん
あーちょっと何してんの
あーもう見てられない!
も――!!そうじゃないでしょ!!いいからもう!!余計なことしないでよ!!
お母さんは私にガッカリしてるってことだけが
もう一生ごはんなんか作らない!!
なによ!!私は悪くないわよ?!
ただただ伝わってくる
うるさい!!

ケンカになるとコレを言われる
イヤならこの家から出ていけ!!
帰ってこなくていい!!一人で暮らせ!!

これを言われるのが
一番イヤだった
中3で家を出て暮らせるわけないって分かってるくせに
もし本当に出ていったら怒るくせに
体がプルプル震えた

一人で暮らすなんてできないししないって分かっててそういうこと言うのやめてよ!!
は——?! できます——
中3でもやってる人います——

私からしたら お母さんがいつもイヤなことを言ってくるから
ダメよォ もっとこうしなきゃ
もういいうるさい!!
それに反応してるのに
作った雪だるまにまでダメ出し

お母さんの中ではなぜかこうなっているので
あんたって本当キレやすいよね気をつけなよォ?
なにがなんだか分からなかった

やめてと言っても
やめてくれない
中学高校の昼食は
この3つのどれかだった
お弁当
売店のパン
ランチパン
MILK
学食

私のお母さんは弁当作りが
上手じゃなかったので
汁がべちゃべちゃで取り出せない
さっきもう
食べちゃった
お弁当は
いらない！
パン買う
から
中1の5月から
弁当不要宣言をした

高2の一時期
登校しようとすると
お母さんが
いってきます
これ!!
持って
行って!!
おにぎりを1コだけ
渡してくるようになった
アルミホイルで
包んである

私はこのおにぎりが
いらないいって言ってるでしょ!!
涙が出るほどイヤだった

おにぎり1コだけっていつ食べるんだよ！
いつでもいいじゃないの休み時間とか！
教室でおもむろににぎりめし1コだけ食べてる人なんていないよ！

持ってくだけでいいから!! せっかく作ったから!!

でもやっぱり食べるタイミングはなくて
カバンの中でつぶれるのだった
NOTE

つぶれて固くなったおにぎりを食べるのも
捨てるのも苦痛だった

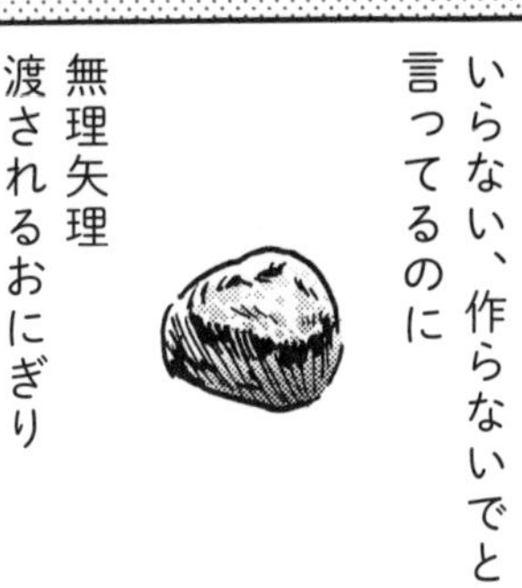

いつもいつも
「アンタはみっともない
どうしようもない」と
言ってくる人が
作ったおにぎり
どうせ食べないおにぎり

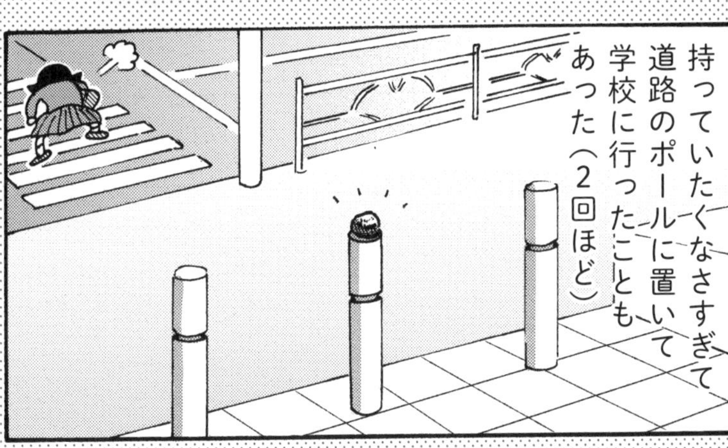

周りの大人たちは決まってこう言った

大人になれば気持ちが分かる
そうなの？
ある日 急に分かるのか？
ビビビビビ
うおおお分かったぁぁぁ
どんなふうに分かるんだ？
なるほどー
大人
そういう理由でうるさかったのかー
分かってみたい!!

大人になって答え合わせしたいから
全部書いておこう
出来事ノート

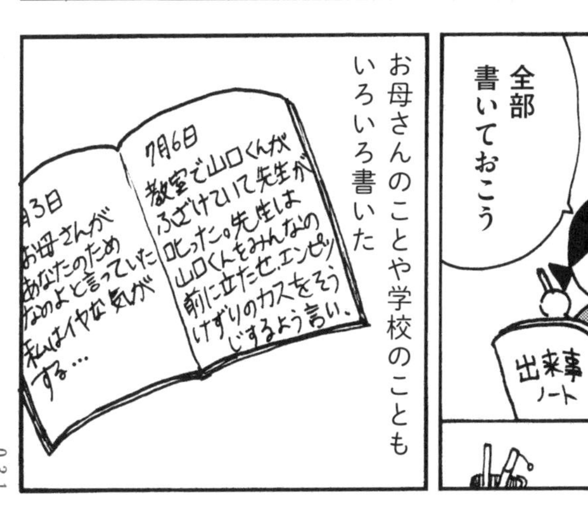
お母さんのことや学校のこともいろいろ書いた
7月6日
教室で山口くんが
ふざけていて先生が
叱った。先生は
山口くんをみんなの
前に立たせ、エンピツ
けずりのカスをそう
じするよう言い、
月3日
お母さんが
あなたのため
なのよと言っていた
私はイヤな気が
する…

お父さんはどうしていたか
お父さんは基本
うるさくなかった

というか
ギャー
ギャー

お母さんと私の関係には完全ノータッチだった
ギャー
ギャー
バタン
お父さんの部屋

お父さんは何も言わないけど

きっとお母さんのうるささにウンザリしてるにちがいない
ギャ〜〜
お父さんは私の味方だと思っていた

お父さんは　家事などは一切しなかった

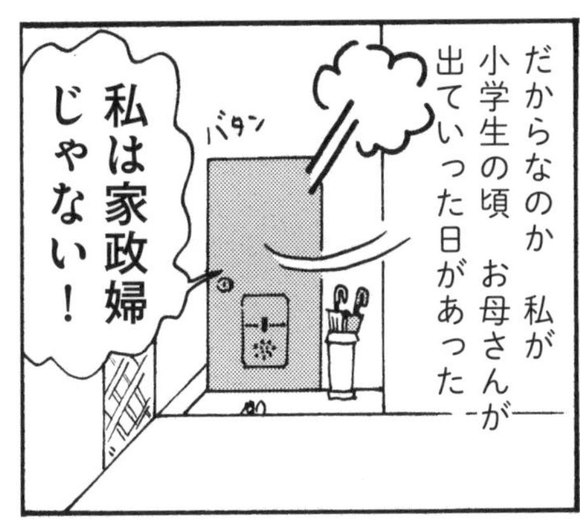
だからなのか　私が小学生の頃　お母さんが出ていった日があった
バタン
私は家政婦じゃない！

その時チャーハンを作ってくれた
お…おいしくないよ
すごくしょっぱい
残していいからね
それが唯一（ゆいいつ）のお父さんの手料理の思い出

高校生まではどの親もうるさい
うちの親泊まりはダメだって
え――
みーちゃんちの親いつも厳しいね

お兄ちゃんは男だから彼女作ってもいいけど
私は女だからダメって言われてる
?
どーゆーことー?
?

うちの親ポケベル持たせてくれない

うちの親うるさいから先に帰るね
門限が
バイバイー
「親がうるさい」のはみんな同じだったから

なんで私だけ?という悩みはなかった

※ポケベル：1990年代に流行した、小型の無線受信端末

しかし高校を
卒業すると
こないだ
友達と
旅行に
行ってさ〜
私も
彼氏と〜
あれ？

親
許して
くれたんだ
うん
最近
うるさく
なくなった
うちもー
成人した私

へ…
へぇ〜

一人暮らしを
始めた
人たちは
ほんと親って
ありがたいよね
ごはんがあるっ
てすごいよね
急に 親のありがたみ
を語り出した

な…なんだよ
みんなどうしたんだよ〜

親ってうるさいよねー
みんな一緒だったのに

急にひとりぼっちになった
キャハハハハ
自分の幸せ
自分の人生
自分の生活
うちの親 まだ うるさいん ですけど どーすれば？

さらに20歳を過ぎると突然
もう成人 なんだから 親がうるさい とか みっともない よねぇ
と 言われる ようになる
ウッ

未成年の時は
お母さんは
私が悪いって
言うけど…
う〜ん
そうなの？
なんか
おかしくない？

う〜〜ん
スパ
大人に
なれば
分かる
ッ
モヤモヤ

プシュ
大人に
なれば
分かる
えっ
プシュ

パ〜ン
子を愛し
てない親
なんていない
えっ
えっ
うるさすぎ
ペトッ
お母さんも
一生けん命
なのよ
余計なこと
考えなくて
いいの

大人たちから渡された「世間の声」によって
大人になれば分かる
親に感謝すべし
お母さんも一生けん命だった
そうかこう思うべきなんだな
自分の疑問はないことにして過ごしていたけど

20歳からは
えっ
成人したら自分の責任
親のせいにするな
いい年してみっともない
周りから渡される「世間の声」が別のものになる感じ

あーしなさいこーしなさい
エイコちゃんは若いから分からない
私は悪くないわ
あんたが悪い!
私はいまだにお母さんが
うるさい
「世間でよく聞くフレーズ」を自分で貼りつけ
ビタン
産んで育ててくれた
学費払ってくれた
もっとつらい人はいる
ぐぉー
お母さんとうまくやろうとした

でも29歳になってもお母さんはまだうるさいどころか
お前が悪い私は悪くない!!
そうだそうだ
お父さんまでうるさくなった
あ、もう無理だ
プツン
親とうまくやろうとがんばっても
なぜかうまくいかない
もうがんばれない
親も満足してくれないし私の生活もめちゃくちゃになる
もう親と関わりたくない

親と一切の連絡をとるのをやめると身も心も軽くなった
ああっ快適だ
関わらなくてよかったんだ
だが!!

また別の世間の声が押しよせてきた
ちゃんと親に向き合いなよ
逃げてていいの？
大人にならなきゃダメだよ

許してあげなよお母さんも一生けん命だったんだよ
そこまで育ててもらったんじゃないの
感謝しないとねぇ
ウウ…
30歳
ガチで面と向かって言われる

親が元気だからそんなこと言ってられるんだよ
他にもっとつらい人もいるのにぜいたくだよ
親が死んだあと後悔するよ
ウワーーーッ
状況は前より良くなっているのに
うるさい
つらい
いない
ホッ…
つらくない

罪悪感と迷いでいっぱいで苦しくて
私ってやっぱりまちがってるんだ
逃げるな
自分の責任
大人になれ
もっとつらい人もいる
ぜいたく
ハァ〜
たえられなかった
でも 前の状況にはどうしても戻りたくない
だって今まで何回も
うるさい もうイヤだ 離れたい
あなたのため
あなたのためを思えばこそ
愛しているがゆえ
でもそれはまちがってるんだ
世間の声と親の言う事に従ってきた結果がこれなんだから
めちゃめちゃ苦しい…どうしたらいいんだ

つらさを解消したくて同じつらさを抱えている人の体験談や
親 うるさい
親子の問題についての本をたくさん読んでみた

そしてある本に書いてあった一文にハッとした

親の行動の種類やひどさ、の度合いは関係なく子どもは親から自分の気持ちに耳を傾け（かたむ）てもらえないこと、関心を持ってもらえないことに非常に傷つくのである。

え
そうなの？

私は何不自由なく育ててもらったから
私よりつらい人に悪いから
私はつらいと思う資格がないのに
でもつらくてつらくて
そんな自分はまちがってると思ってた

こうして本の言葉によって私は新しい「世間の声」をゲットしたのだった

「つらい」は人と比べなくていい

自分がつらいなら「つらい」でいい

親のことがイヤならイヤでいい

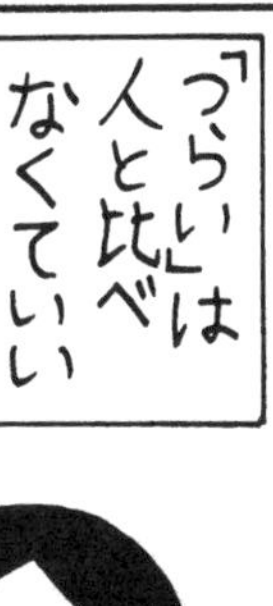

こんな考え方、視点を持ってる人たちもいるんだ

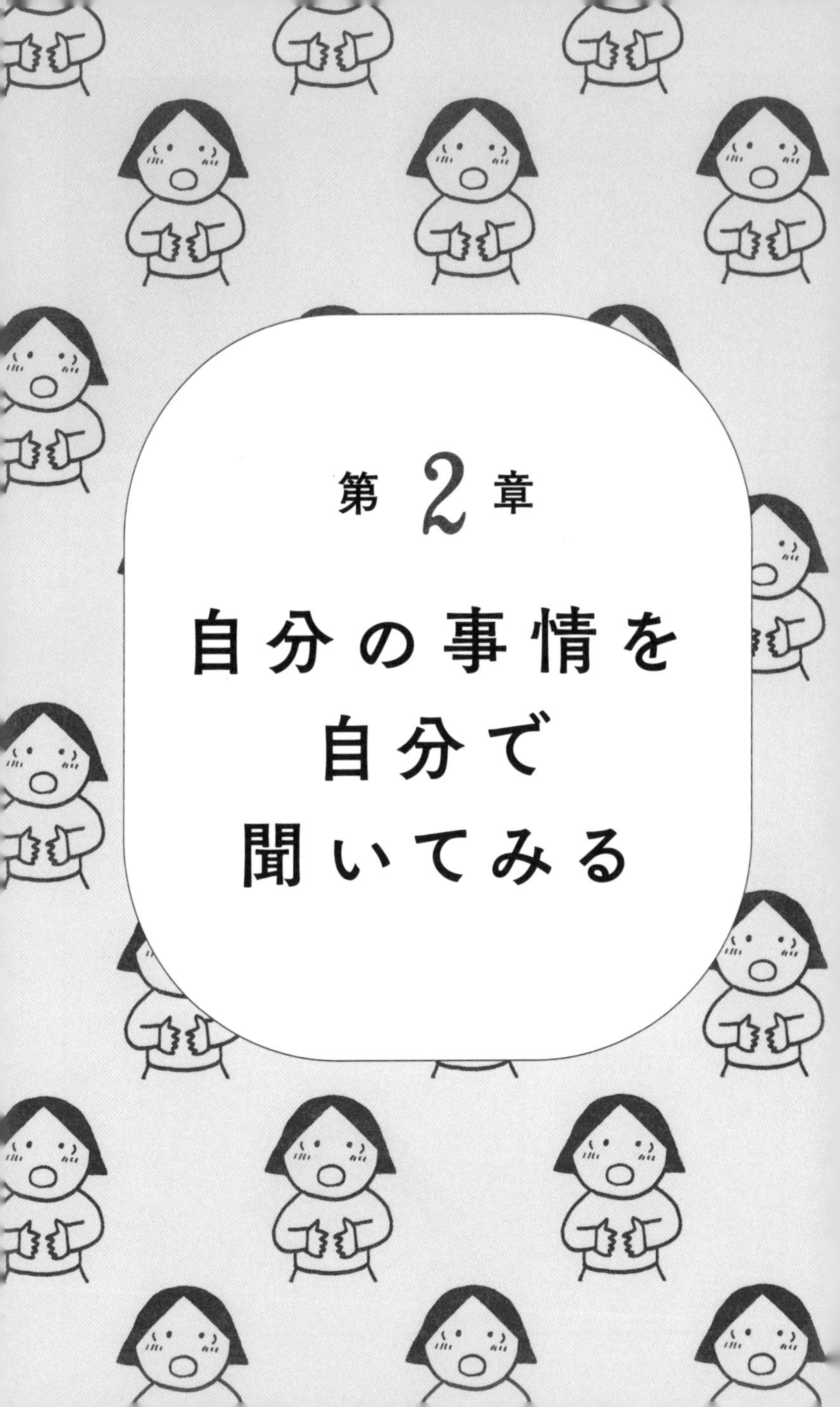

第2章

自分の事情を自分で聞いてみる

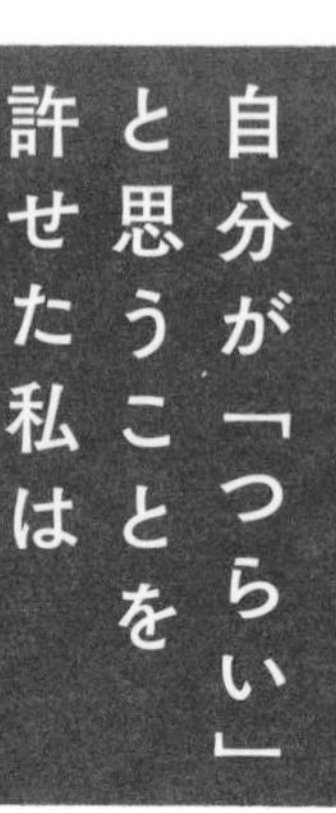

自分が「つらい」と思うことを許せた私は

あれもこれもひどいじゃないか!!
お母さんへの恨みがあふれるようになった

子どもは親から自分の気持ちに関心を持ってもらえないことに傷つく

これを基準にすると

私の中にはお母さんに聞いてほしい気持ちがあったということだ
フ〜ッ
「私がお母さんに聞いてほしかった気持ち」をふり返ってみることにした

あの日の帰り道
なんでお母さんが
やめてよも〜!!
怒ってるのか
ぜんぜん分からなかった

ウンザリした顔が怖くて
ハァ〜!!
背中がキュ〜〜〜ッと縮み上がった

ああ…そうだ
あの時は言葉にできなかったけど
今ならできる

学芸会の時は
私はあの日お母さんに見てもらえて胸がいっぱいだった

どうだった?
よかったよ〜
セリフもちゃんと聞こえたよ〜〜〜!
こんなふうに言ってもらいたかった

もし、ヘンだなと
思ったら
私の事情を
尋ねてほしかった
最後
三田くんを
押してたのは
なんでなの？
あれは他の子たちが
見えなくなってて
そうか
エイコは
全体のこと
を考えて
たんだね

ちょっと押しすぎな
気もしたけど……
劇うまく
できたね！
うん
たとえ
他の大人から
「みっともない」と
思われても

うん、いっか
大丈夫　大丈夫
お母さんにだけは
味方になっていてほしい
そんな気持ち
そうだ
私の気持ちだけを抽出したら
そんな気持ち

学校で作ったシャツについて

ほつれてたり

外に着ていくには
みっともなかったかも
しれないけど

中学受験について
私は小5の時から漫画家に憧れてたから
放課後は漫画を読んだり描いたりで忙しかった

私にだっていろいろ考えや気持ちがあった
漫画家になりたいと言うのは恥ずかしい…
何かやりたいことがあるの?
うん
何?
言いたくない
そう
それを聞いてくれた上で

お母さんは私立に行くのがいいと思うの
これこれこういう理由で
ふーん そうなのか
頭ごなしに全部決めるんじゃなくて私にも決めさせてほしかった
実際は納得できないままだったから

理想の娘（むすめ）とはちがう
部分をダメ出しして
くるのもすごく
イヤだった

私にだっていいところは
あった（たぶん）

他の人からみて
ぜんぜんないと
しても

お母さんだけには
よくがんばってるわ
エイコはエイコなりに
だらしないとこもあるけど
この子は大丈夫!
いってきま〜す
みたいな感じで
思っててほしかったんだ

いくら自分の子どもでも
おっと
言っちゃいけないことの線引きを
これはひどいか
?
お母さんのほうでしてほしかった

おにぎりについて
いらないってば!
私の「やめてほしい」という気持ちを受け止めて
「やめる」をちゃんとやってほしかった
NO ONIGIRI

私はお母さんに
味方でいて
ほしかったんだ

そうやって
とことん自分の
気持ちに
寄りそってみた

そっちに引っぱられそうになる
親のせいにするな
過去は変わらない
昔のことでグジグジするな
水に流して前を向くのが大人
ああ〜ですよね〜やっぱそうですよね〜
フラ〜〜〜
グジグジするな
親のせいにするな
いやっ！ちがうちがう

いつもここで「世間の声」に従ってしまうんだ
お母さんも一生けん命
愛してくれているんだから
育ててもらったんだから
子のためを思っている
A〜DA KO〜DA
そしてまたお母さんにうるさくされる生活を始めてしまう

もうくり返さない！
私は新しい「世間の声」のほうで
自分がつらいなら「つらい」でいい
やってみるって決めたんだ
もっとつらい人もいる
ぜいたくだ
恵まれているくせに
ぐおおお
人とつらさを比べなくていい

そんなふうに

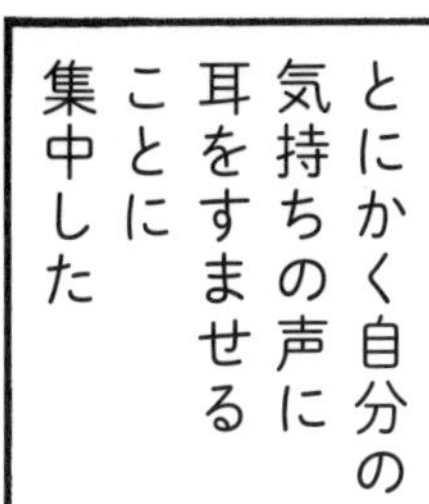
とにかく自分の
気持ちの声に
耳をすませる
ことに
集中した

それまでの私は
自分の気持ちを
黙らせていた
お母さんはあなたのためを思っている
親をイヤだと思うなんてまちがっている
世間
世間
ハハハ
はい…ですよね…
親を大切に
私
私
私はまちがってるの黙ってて…
イヤだー
ツライー
気
私の気持ち

気持ちを
無視するのが当たり前になって
親はあなたのためを思っている
ハハハですよね
世
ツライ〜
ドウシテハナシキイテクレナイノ
気

そのうち「気持ち」は怒りまくった
いだっ
ドス
ドス
私
フザケンナー
ユルサネエゾ〜
イッツモイッツモ〜
イイカゲンムシスンナ
気
なんだろう
すごく
苦しい
私
すごく
イヤ
なんだ

そこで自分の気持ちを聞くようになった
あなたのためよ
親をきらうなんて!
親を大切に
ツライ〜ツライ〜
そうだよねつらかったよね!

ア゛ア゛〜ウラム〜
だよなァお母さんがうるさくなかったら
私の人生もっとうまくいってたかもって思うよそりゃ
なんもおかしくないっ
お母さんはひどかった!
グスグス
そう思って当たり前だ!
他の誰(だれ)がなんと言おうと今、私はそう思うぞ

オマエワカッテクレルスキ
あたしもスキだよ

ああ…自分の気持ちと
信頼し合えるってこんなにあったかいことなんだ…

つまり私は
自分自身に対して
あんたが
悪い
あんたは
いつも
みっとも
ない
私が悪い
いつも
みっともない
お母さんと同じ
態度をとっていた

私の味方に
なってほしい
お母さん
フン
私
フン
ミカタ
ナッテ
という
私のお母さんへの
思いは
私自身への思いでも
あったんだ

お母さんに分かって
もらわないとスッキリしない
と思っていたけど
そんなこと
なかった
むしろ
自分のほうが
思う存分
自分の気持ちが
聞ける
ここまで
聞いて
くれる人は
他に誰もいない
自分で
自分の
事情を
聞いて
いいんだ

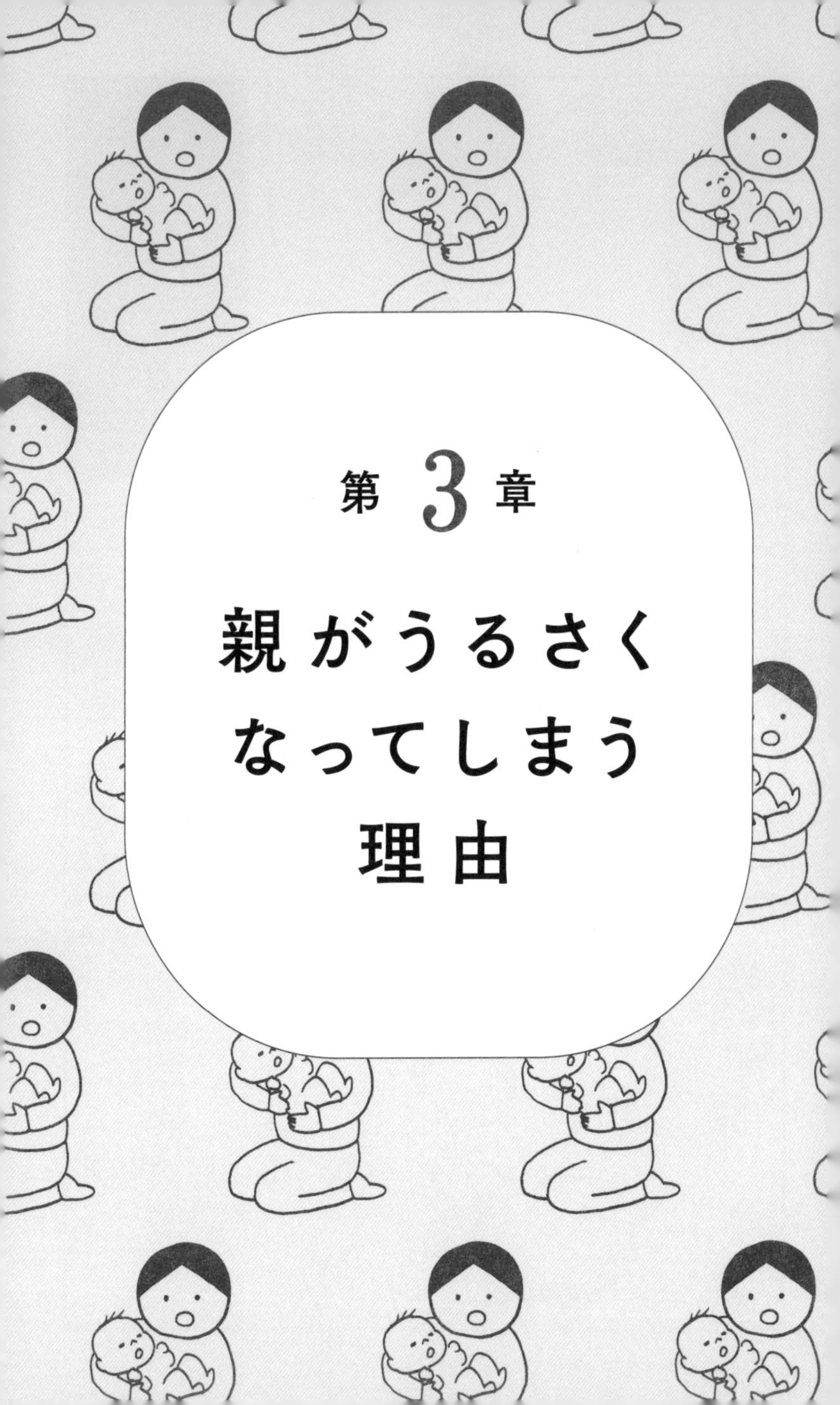

第3章
親がうるさくなってしまう理由

そして私は
親になった
子は親から
気持ちに
関心を
持ってもらえ
ないと
つらい

よし
私はこの子の
気持ちにいつも
耳を傾け
いつでも
味方に
なるぞ!!
気合い充分!!

ところが
ほらっもう
保育園に
行く時間だよっ
イヤ――
あそぶ――
ほいくえん
いかない――

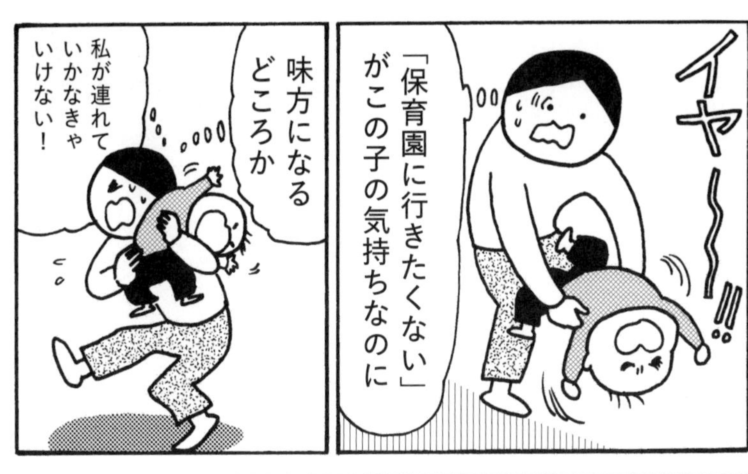
イヤ〜〜〜!!
「保育園に行きたくない」がこの子の気持ちなのに
味方になるどころか
私が連れていかなきゃいけない!

親は子どもという
赤ちゃんの衝動欲求
ねむい
うんちでる
おなかすいた
なんか不快
まだ何も知らない衝動（しょうどう）のかたまりのような「絶対」の存在を

決まりごとだらけの「相対」の社会で生きていけるようにしなくてはならない
集団生活
規則・ルール
時間に沿って動く
みんな仲良く
保育園 幼稚園
学校

ここで突然だが世の中を2つの面に分けて考えてみる
決まりごとだらけの「相対」的な面を「A面」
仕事
労働
賃金
時間
納税
学校
A面
B面
天気や災害
衝動や感情や欲求等
地球や人間の揺るぎない面を「B面」と私は呼んでいる
どうにもならない事も
保育園に行かなきゃ仕方ないでしょ!!
イヤ
どーしてなの?! なんなの?!
2つに分けると
A面
仕事
時間に沿って動く社会
休むと給料が減る
保育園
かえのきかない我が子
イヤ〜
乳児は一人で留守番できない
行きたくないという気持ち
B面
私は今A面とB面をつなげる作業をしている…
頭の中が整理できるから
A面はB面を守るためのものでもあるが
みんなが衛生的に安全に快適にすごすための排泄にまつわるルール
公衆衛生
A面
アイテムはA面がつくる
両面をつなぐアイテム
トイレ・下水道などのインフラ
おさえられない便意
排泄欲
不衛生だと安全に暮らせない人間の体のしくみ
便は水や土を通して自然にかえるという摂理
B面
同時にB面を利用したり抑圧したりコントロールもしている

でもいつもA面の思い通りではなく
A面
みんなどこでも自由にウンコしてはいけないルール
公衆衛生
下水道・インフラ
トイレ
ぶっこわしてしまう
非常用トイレ
設置
B面
地震などの天災
便意
B面が猛威をふるうこともある
ちなみにA面B面とは私の造語でありカセットやレコードのA面B面とは無関係で表裏という意味ではない
A面
B面
A面
B面
きっかけは妊娠中「今までとはちがう世界にきたような感覚」になったこと
景色も何も変わってないのに「こっち側」にきたという感じがする
なんだこれは……
時間やルールに合わせて生活する
ルールより自分の体に合わせないと生活できない

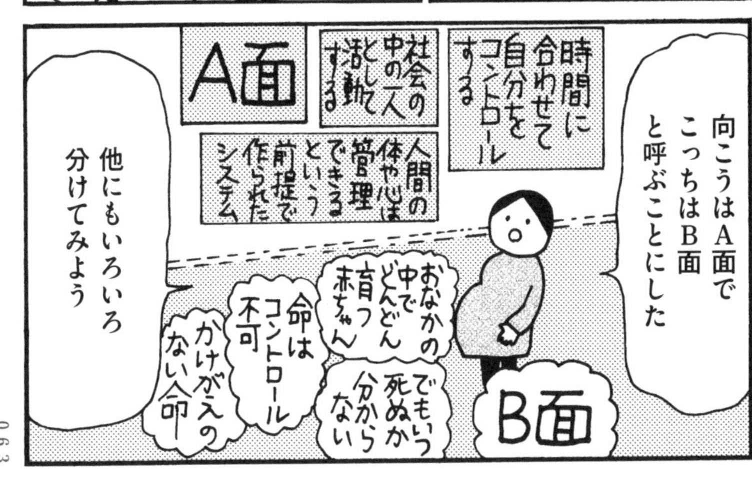

向こうはA面でこっちはB面と呼ぶことにした
時間に合わせて自分をコントロールする
社会の中の一人として活動する
A面
人間の体や心は管理できるという前提で作られたシステム
B面
おなかの中でどんどん育つ赤ちゃん
でもいつ死ぬか分からない
命はコントロール不可
かけがえのない命
他にもいろいろ分けてみよう

社会システム

政治
経済
法律
裁判
刑罰
競争
進路
教育
学校
受験
部活
校則
内申書
調査書
権力
家父長制

時間どおりに進む毎日
社会保障
納税
保険
ローン
労働
賃金
消費

役割
地位
学歴
立場
戸籍
評判
肩書き
評価
所属
属性
年齢
人権
病名
他と比較して判断される性格・性質

個人

自然現象
天気
天候
特徴
感情
気持ち
体質
性質
事情
心
欲求
欲望
衝動
湿気
気温
気圧
雷
台風
天災
植物
動物
体の感覚
すきなことやりたいことへの情熱
症状
癖

ゆるぎないもの、自然の摂理
さかえらないもの、生理現象

B面

事故
地震
老い
加齢
何が起こるか分からない明日
遺伝子
ケガ
死

B面、あなた自身のA面・B面も書いてみよう!

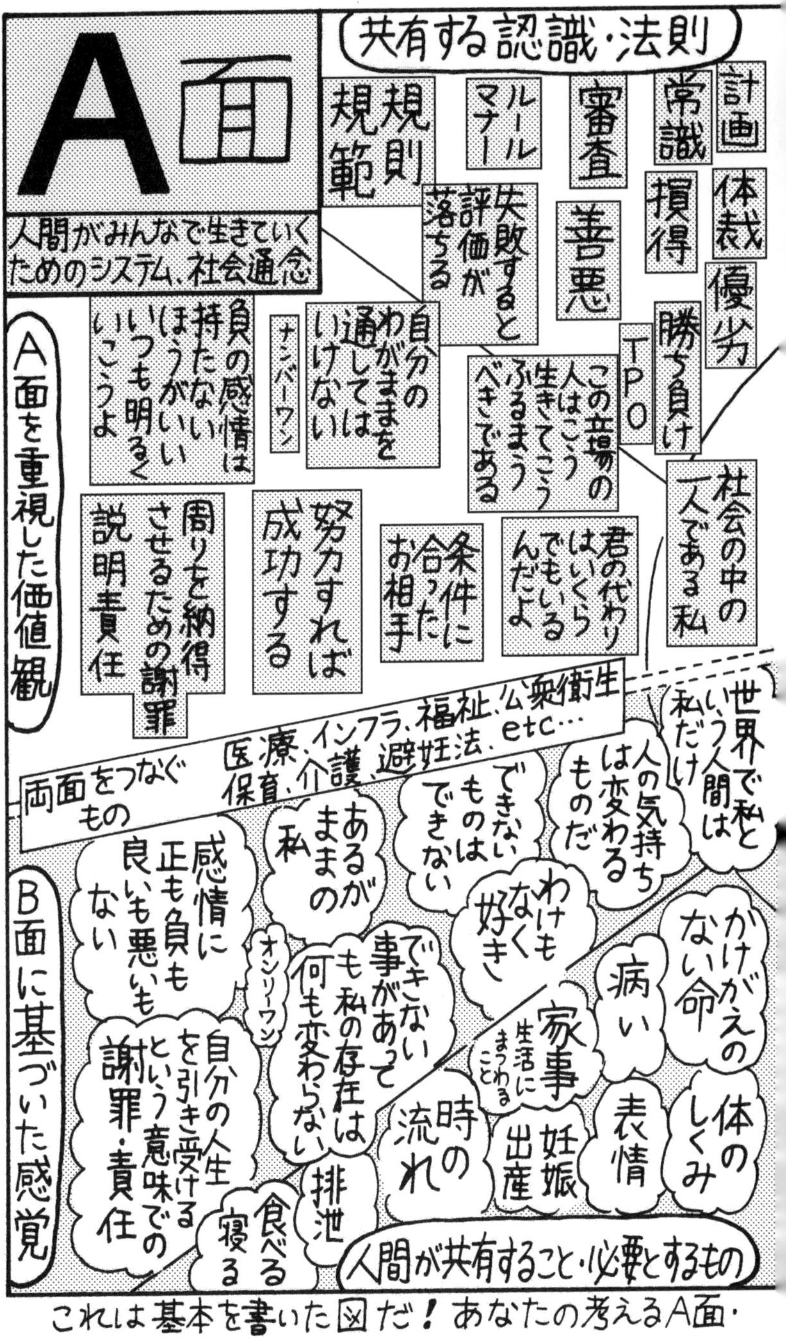

A面

人間がみんなで生きていくためのシステム、社会通念

共有する認識・法則

規則
規範
ルール
マナー
審査
常識
計画
失敗すると評価が落ちる
善悪
損得
体裁
優劣
勝ち負け
TPO
自分のわがままを通してはいけない
ナンバーワン
負の感情は持たないほうがいいいつも明るくいこうよ
この立場の人はこう生きてこうふるまうべきである
社会の中の一人である私
君の代わりはいくらでもいるんだよ
条件に合ったお相手
努力すれば成功する
周りを納得させるための謝罪
説明責任

A面を重視した価値観

両面をつなぐもの　医療、インフラ、福祉、公衆衛生
保育、介護、避妊法、etc…

B面に基づいた感覚

世界で私という人間は私だけ
人の気持ちは変わるものだ
できないものはできない
あるがままの私
感情に正も負も良いも悪いもない
わけもなく好き
かけがえのない命
病い
家事
生活にまつわること
オンリーワン
できない事があっても私の存在は何も変わらない
自分の人生を引き受けるという意味での謝罪・責任
時の流れ
妊娠出産
表情
体のしくみ
排泄
食べる
寝る

人間が共有すること・必要とするもの

これは基本を書いた図だ！あなたの考えるA面・

親の役目

生まれた時は
誰（だれ）でも

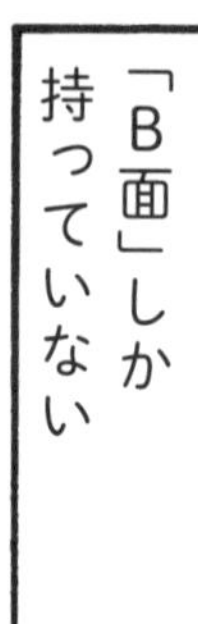

「B面」しか
持っていない

ここでの「B面」は
衝動や
生理的欲求などのこと

はい
ごめんねー
すみませ〜ん
いえいえー
親って…

子どもに社会の
「A面」を教える
役目なんだな〜
いきなり
取っちゃ
ダメ
あの
おもちゃで
あそびたい
つまり「世間の声」を
渡す係なんだ…

親は
「自分の気持ちより
世間の声を優先
させなさい」と子ども
に言う存在なんだ
しかも
子どもに「世間の声」
を渡している
私自身も
いきなり
取っちゃ
ダメ

親としての「世間の声」で頭がいっぱいになっている
自分の子の失敬のフォローは親がする
そうしたほうがトラブルなくスムーズにいく
常識ないと思われてはいけない
ドキドキ
しつれいがあってはいけないっ

他の子がいない時は
思いきりあそべよ〜
と思っているのに
他の親子がいると
ルールを守らせる
思いきりあそばせたい
自分の気持ちを押しつぶしている
それは正しいことであるけれども
ルールを守らせる
ルールを守れ
この「世間の声」と親自身の気持ちが〝なぜ親はうるさいのか〟に大きく関わっている

子どもが大きくなると
も――早くお風呂に入りなさいっ
ゲームはもうおわりっっ
んー
私はちゃんと「うるさい親」になってきた

うるさい時の私はこうなっている
風呂に入らなければならない
子どもの睡眠10時間
限りある時間
ちゃんとしなければ
明日も学校
起こさなければ
早くしなさいっ
不安
不快
んー
ゲームしたい

さらに「うるさい」が増す時はたいてい

B面のどれかが強い時
おなかすいた
トイレ行きたい
ねむい
疲れ
不快なことがあった
やりたいことがある
やらなきゃいけないことがある
中身は赤ちゃんとほとんど同じ

B面が落ちついている時は
よ〜し
寝る前に本読んであげるから
いそいでおふろ入っちゃってくださーい
やったー
小学生と園児の2人
段どりを説明できるのに…
ポニョの宗介のお母さんみたいに…
でもB面がうごめいてると
早く寝かせないと明日遅刻する
子どもは睡眠時間たくさんとらないと！
遅刻なら学校に親が連絡しなければいけない
そもそもこんなドタバタになるのは親のせい
子どもを怒鳴ってはいけない
は早よ!! 早よ!! 早よ!!
とたんに言葉が出てこなくなる
焦り 焦り 焦り

気持ちがカラッポで「世間の声」に支配されてる時もある
こうした方が得！
将来を考えなければ！
今のうちにこれをすべき
困る事になったら大変だ
私の頃はこうだった
あーしたらこーしなさいよ？ いや、あーしなさい
ペラペラペラ
??
ムリだよー
できたらやってるよ！

とにかく親は子どもより
「世間の声」をたくさん
持っているので
これをやってたら得した
こんな人がこんなことになっていた
こういう仕事につくとこういう感じの生活
今のうちこれをさせるといいらしい
○○ちゃんのママが言ってた
子どもは10時間寝かせる
学歴と職業と収入の関係
学力と選択肢
経験系
情報系
社会システム
学校でのルール
人にイヤなことをしない
朝ごはんたべる
これこれこーしたらいーのよ!!
ホレホレ
パッ
生活
生き方人生設計
勉強方法
サッ
進学先
職業
パッ
子どもの「先」が見える
ような気がして
自分の思うまま
指示したりしちゃう

それは本当に
子どもが知っておく
べきことである場合も
あるし
生きていく上で気をつけるべきこと
大変なことになったらどうしよう
正直
私自身の気持ちを
落ちつけるためである
場合もある

やべ〜〜〜っっ
私今うるさすぎる
と思った
時は
うるさい
ちこくするぞ!!
ああ
子どもを
遅刻
させては
いけない
遅刻の時
は親が
学校に
電話する
今この2つの
世間の声で
いっぱいだ
イラだち
焦り
そして私は
焦ってイラ
ついている!
自分の事情に
耳を傾ける
なぜ
ならば

学校に
電話
するのが
イヤだから
だ〜〜〜
だから
早く行って
ほしいんだ〜〜〜!!
イヤだぁ
めんどい
気まずいからやだ

少しおちつく
ママ
電話
したくない
から早く
行って
ほしい
言っちゃう
時もある
ハ〜イ
こういう時　子どもは
落ちついてたりして

ちがう世界線に
いるみたい
あー
しなきゃ
こー
しなきゃ

私がうるさく
したって大して
変わらないし
ほんと今日の
「うるさい」は
ムダだな
はぁ・・・

私のお母さんがうるさかった理由

あくまで私が分析する

なぜ帰り道にダメ出しをするのか

人と屈託なく話す私を見てお母さんは

ハラハラしたんじゃないだろうか

ハッ
ハラ
ソワ
ソワ
あ〜
こんな時に
お母さんは
爆発してたん
だな
たしかに子どもに
そのままぶつけたら
気がラクになりそう
ダメ
でしょ!!
人と話す時
つまらなそうな顔しちゃダメ
自分の話
ばっかり
しちゃダメ
失礼な
ことを
言っちゃダメ
自分と子を同一視

でも私の中にある
「世間の声」は
私のもので
気を
配る!!
空気を
読むべし
気づかい
が大切
この子はこれから
自分でそれを得ていくから
私は見守っていれば
いいんだ
明らかに人を
傷つけたり誰かに
ひどいことをされて
いる時は私の
「世間の声」を使って
教えなきゃいけないけど

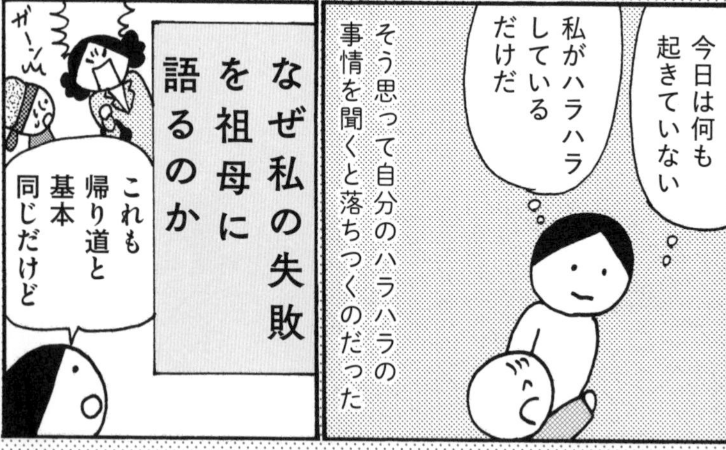
今日は何も
起きていない
私がハラハラ
している
だけだ
そう思って自分のハラハラの
事情を聞くと落ちつくのだった
なぜ私の失敗
を祖母に
語るのか
ガーン
これも
帰り道と
基本
同じだけど

みっともなかったー
まぁまぁ
おばあちゃんにしつこく言うのは一体なんだったんだろう
イヤだった反面
お母さんはいきいきしていた

普段(ふだん)からお母さんに厳しかったから
ダメ出し&けなし

おばあちゃんが笑ってくれると気持ちが落ちついたのかも
エイコちゃんもがんばったのよォ
ホッ

お母さんもおばあちゃんに味方になってほしくて
フン!
味方になって
孫の話
ミカタニナッテ
味方になってほしい…
ミカタニナッテ
必死だったのかもしれない

なぜ理想の娘像を押しつけてくるのか
この件もすごく分かる
子どもを見てるとパッと思いつくことがある
○○すればもっとよくなるのにみたいなこと

そういう時って子どものA面だけを見てるんだ
評価の高い人
こうしたらあの人に近づくんじゃない？
子どものB面を見て結果を待つよりA面で比べるほうが簡単だから

でもそういうのってすごく失礼なこと　もし他人に言ったら
私は別にあの人目指してないから！
絶交されてもおかしくない

中学受験も親から見る世界はぜんぜんちがった
私は自分の子どもには中学受験なんかさせない
当時から思っていた
子どもが生まれてもずっと思っていた
中学受験なんてっ!!
ん〜
だけど
中学受験する?
うちはするよ
考えてるとこなんだよねー
ママ友たち
えッ

コロッと変わってしまった
ビターーン
検討してみるのもアリ
絶対しない
この子にとってはイイことなのかもしれないと思うと…
絶対にさせないと決めるのも変な気がしてきた

親は常に先回りして
子の身にふりかかる
危機を予測し回避する
フーフーして!
それと同じ感覚で

中学受験した方がいいのかも?
と思うようになった
苦手な科目を丁寧に指導します
塾説明会
す…すごい
ここに入ればどこにでも受かるかもと思えてくる…
カリキュラム

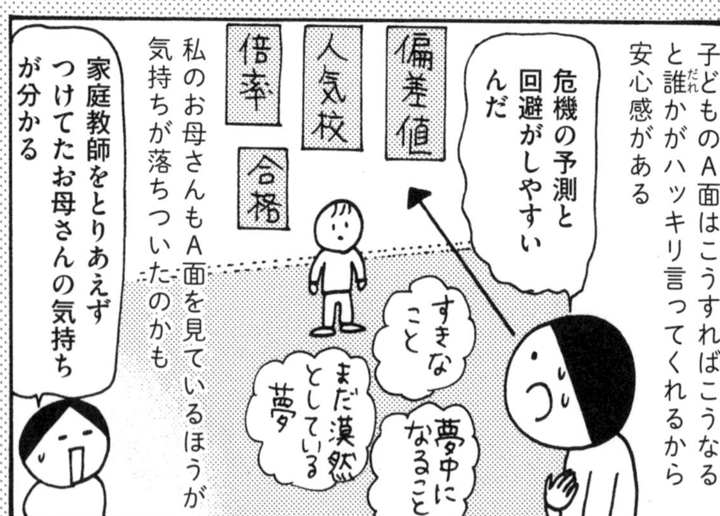
子どものA面はこうすればこうなると誰かがハッキリ言ってくれるから
安心感がある
危機の予測と回避がしやすいんだ
偏差値
人気校
倍率
合格
すきなこと
夢中になること
まだ漠然としている夢
私のお母さんもA面を見ているほうが気持ちが落ちついたのかも
家庭教師をとりあえずつけてたお母さんの気持ちが分かる

中学からさらにうるさくなったお母さんについて
中学受験が終わった私は
も〜勉強しなくていいんだ〜
一生しないぞー
ダラけていた
マンガ
マンガ
マンガ

だからお母さんを激化
お前は何をやってもダメ!!
誰が学費だしてここに住まわせてると思ってんだ!!
うるせ〜〜
お父さんじゃん
させているのは私だと思っていたけど

大人になるとちがった角度であの
激化が見えてきた

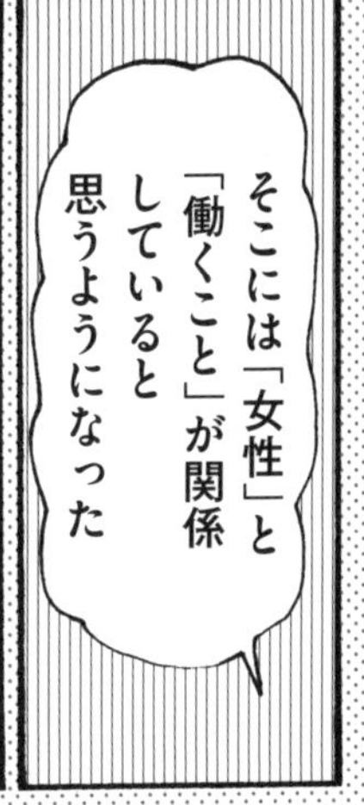
そこには「女性」と「働くこと」が関係していると思うようになった

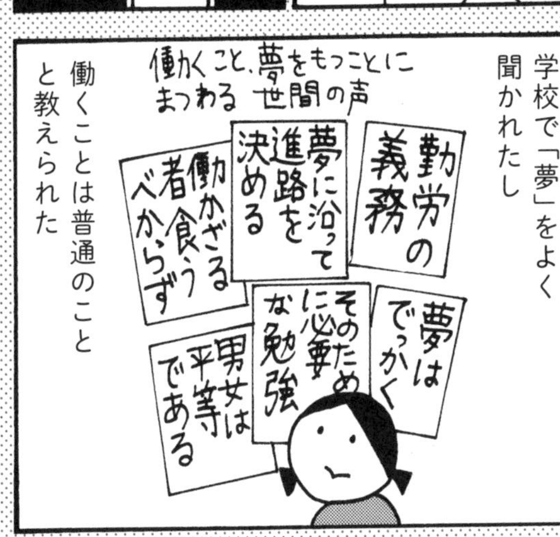
学校で「夢」をよく聞かれたし
働くこと、夢をもつことにまつわる世間の声
勤労の義務
夢に沿って進路を決める
働かざる者食うべからず
夢はでっかく
そのために必要な勉強
男女は平等である
働くことは普通のことと教えられた

そういう中で私も
漫画家になる！
夢を持った
私は栄養士
私は研究者
友達
大人になって漫画家になって
当然仕事を続けていくつもりだった

けど 妊娠・出産したら急に世間の声が変わった
勤労の義務
私に合った仕事選び
夢はかなう
家族の健康管理は母がすべし
保育園にあずけるなんてかわいそう
母親の一番の仕事家事育児
女の仕事は不要不急のこづかいかせぎ
中学
高校
大学
社会人
結婚
妊娠
出産
えっ あれっ？

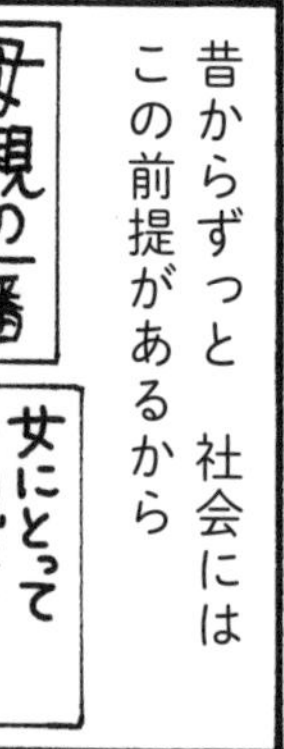
昔からずっと この前提があるから 社会には
母親の一番の仕事は家事育児
女にとって育児より重要な仕事はない
出産したら仕事はやめるものである

保育園の数が足りなくて
いっぱいです
労働
賃金
納税
保育園
預けて働きたいのに
家事
育児

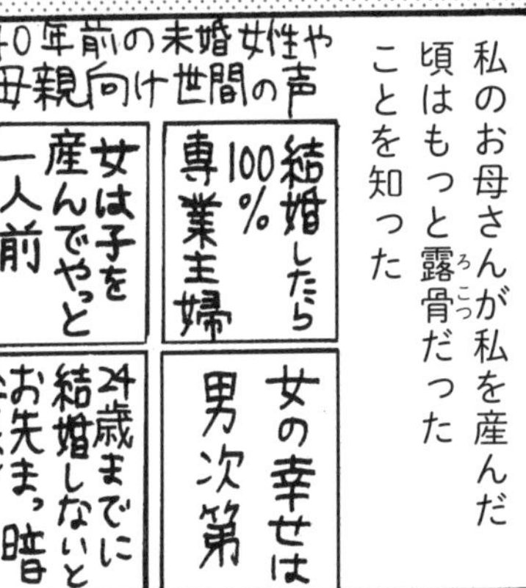

そして中高生の私にいつもこう叫んでた

あんたなんてこの家で何も役に立ってない!!

高い学費払ってもらってるくせに!!

この家に住む資格ない!! 出ていけ!!

私が出ていったら
お母さん許さないくせに
なんでわざわざ叫ぶんだ？
今思えばあれはお母さんが
お母さん自身に向けて言っていた言葉だと思う
自分のB面を押しつぶすのが当たり前の時代
母親は育児していればいい
女の仕事はしょせんおあそび
どうせ私は仕事なんてちゃんとできないからこれでいいんだ
家事・育児以外のことにもチャレンジしたい
自分を押さえ込むために言い聞かせていた言葉が
いろんなストレスによって私に向けて押し出されていた
何もしない夫に対してのストレス
お前なんてどうせ何もできない出ていけ
すごくしっくりくる…
お母さんも大変だったんだろう…
でも
あんな理不尽なことを
子どもに言うのはまちがってる
相手を理解することとその行為を否定することは両立できる

おにぎりの件

でも赤ちゃんが生まれて
忙しくなって

夫が自分で作るようになった

私の中にこういう
「世間の声」があったから

夫の弁当は
妻が作る
ものだ

ハッ

おにぎり
1コ!!

これかー!!

うわーーーッ
これじゃん！
私も
作ってるじゃん!!

こちらの罪悪感を
埋めるためだけの
おにぎりだ！
やらなきゃ
いけないのに
やってない
やったぞ

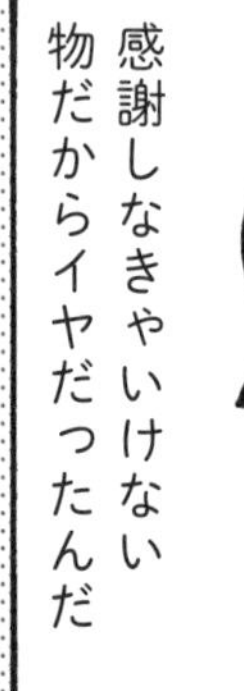
なのに受けとる側が
感謝しなきゃいけない
物だからイヤだったんだ

なるほど!!
いって
きます
いって
らっしゃい

弁当を作れない私を夫は
受け入れてくれてるのに
私自身が
「弁当を作るのは
妻の仕事」というA面
にこだわっていたんだな

誰にも怒られて
ないのに
自分が自分の
ことを
ダメだダメだと
思ったり
こういう自分に
ならなきゃって
思いすぎてると
人にうるさく
なっちゃうんだな

大人になれば分かる？

いつも大人から
あなたも親になればお母さんの気持ちが分かるわよ
こう言われた

親になりたしかに分かることがある
こーしたら子どもは大人しくなるっていうのが見える！
子はどんどん成長し一筋縄じゃいかなくなる
5歳
かわいい～
おりこう～
10歳
ど～ん
えっ
15歳
びちびち
ひ

親は管理しなきゃいけないから大変だ
うおー
それでもこのフレーズを子どもに言うのはズルいと思うんだ
大人になれば分かる
なんの解決もしないだまらせるだけの言葉…

第4章

うるさい親との距離のとり方

うるさい親は太陽と同じ

日光（親との距離）を調整するのは太陽（親）を否定することにはならない

しかし親と距離を置くのは中高生には難しい
家を出たりできないし

高校生の頃私もいろいろ抵抗していた
あれやったの?!
これやったの?!
敬語で話す
はい
まだです
これからやります

数日間、お母さんがうるさくなくなった
…
あ〜〜静かに生活できるって快適だ〜〜〜!!

でも3日後
なんなのよ!! こっちが黙ってりゃ調子にのりやがっていいかげんにしなさいよ!!
?!

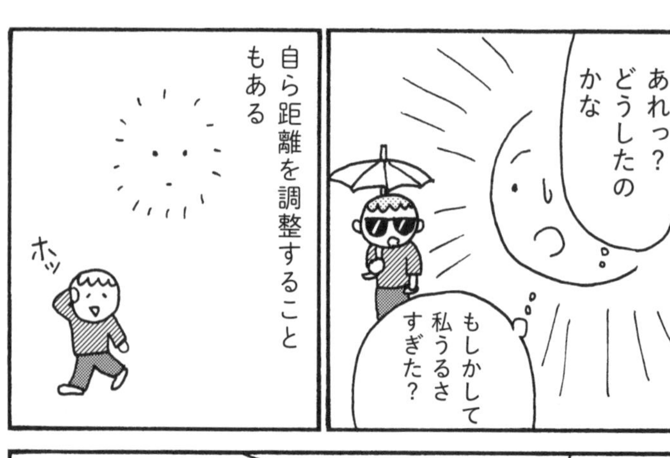
親によっては
あれっ？どうしたのかな
もしかして私うるさすぎた？
自ら距離を調整することもある
ホッ

でも私のお母さんのようにさらに距離をつめてくる親もいる
カーテンも日傘も許さん!!
ギャー
でも日光の強さ自体を子ども側から調整するのは不可能

それは子にとって親は絶対的な権力者で
圧倒的な強者だから
子
親
すべての力を持たない者とその者より力を持つ者という
生活力
経済力
知識
身体能力
管理能力
血のつながりは関係がない
関係性で始まる間柄だからだ

私はずっと
人から渡(わた)された
「世間の声」に従い
お母さんはあなたを思っている
親を憎むなんてとんでもない
私が悪いんだ
自分に言い聞かせていれば
お母さんとうまくやれると思っていた
そうやって自分の気持ちには目を向けず
親は子を愛している
親を嫌うなんてとんでもない
昔のことでグジグジしない
親を嫌(きら)うなんてダメだ
嫌いなんて思う私が悪い
イヤダ ツライ
オカアサンムリ
安心
渡された「世間の声」とのつながりを重視すると
世の中とつながっているという安心感が得られる
だけどそれを続けていたら
心がパンクしてしまった
モウムリダッテイッテンダロ!!

それによって
自分に言い聞かせていた
部分が変わり
嫌いなんて思う私が悪い
私ってそんなに悪いのか？
「世間の声」とつながれなく
親を嫌うな
親に感謝
うるさすぎるお母さんを嫌う私ってそんなに悪い？
なってしまって

なにがなんだか
分からなくなった
私って悪いの？
これから何を信じていけばいいの？
不安でたまらない
でも前には戻りたくない
安心

それで自分の気持ちや
事情に注目して
私はどうしたいんだ？
何がすきなんだ？
そっちに重心を置く
ようにした
親子問題の本を
読んだりするよう
になった

そこで知らなかった考えを
本から知り
ちがう価値観を持つ人
に出会った
親つらい人の
自助会
そうやって私は
親のこと
キライでも
大丈夫
新しい「世間の声」を
ゲットした

こんな感じだったのが
のこと
イでも
丈夫
親が嫌いな私ってそんなに悪い？
安心
新しい「世間の声」と
つながることで
カチッ
親のこと
キライでも
大丈夫
親としばらく会いたくない
あっ
足がついた
感じ
安心

気づくとまた
立てていて
つらいなら
つらいでいい
親のこと
キライでも
大丈夫
親だからって全てを
許さなくてもいい
親とはしばらく会わないぞ
ホ～
ワカッテ
クレテ
アリガトー
安心
自分の心地よい
つながり方に
なっていた

そんな感じで「世間の声」というのは自分の立場が変わるたび
みんな仲良く
親に感謝
20歳すぎたら自分の責任
勤労の義務
母親の一番の仕事は育児
渡されるものでもあるけど

自分で探し出せるものでもある
親のことキライでも大丈夫

そして自分の体験や考えから
これはおかしいんじゃない?!
という発信から社会通念が変化したりする
新しく生み出せるものでもある

お母さんとの今
しばらくはこの感じで
親のことキライでも大丈夫
自分の気持ちに沿って行動してよい
一生会わなくてもいいかも
平和にすごしていたけど

新しい気持ちが
わいてきた
親に子どもを見せたい
また大変な目にあうぞ
向こうから拒絶されるかも
葛藤しながら
もうゴメンだ
不安
でも見せたい
自分の気持ちに沿って行動してよい
もし少しでもイヤな気持ちになったら
また会わない生活に戻ろう
もし拒絶されたら受け入れて引き下がろう
よし大丈夫だ
自分を守ることと
責任をとることを
覚悟して
会うようになった

お母さんは今も

気を抜くと
距離が近くなる

あーしなさいよ
こーしたら?

そういう時は
スチャ

気持ちはありがたいけどその件でのアドバイスは不要です
これからはいりません
覚悟が伝わるのかもしれない
これ以上グイグイきたら連絡をとるのをやめよう
堂々!

そうだよねエイコちゃんの考えがあるもんね
この話はおしまいにする

ああ…これだ
こういう反応をしてほしかったんだ
やっと〝対等〟な会話ができるようになった

逆にお母さんは私が子どもの頃から〝対等〟に
こーしてあーしてそーしなさいよ なんでしないの
私は悪くないわよ!!
なんで私が気つかわなきゃいけないのよ!
なにいってんのムリだよ
うるさ～い!!
話していたと思う

私はそれがすごくつらかった
こーしたらいーのよ!!
生きている年数
知識量
経験値
権力
できないし
よくわかんないし
やりたくもない
年数
知識
経験
乗ってる土台がぜんぜんちがうのに同じように考えろという要求だから

お母さんの追い求める
ものはお母さんの中の話で
おばあちゃんに認められる
世間から見て「いい母」
こーしなさい
あーしなさい
それをもとにダメ出しされてもうるさいだけだった

大人になって親になって
お母さんがどうして
そうなっていたかは
理解できるように
なったし
世間が認める「いい母」
早く早く!!
私もそうなってしまう時がある

そういう時は　親自身が
自分の事情を聞いて調整して
私、今すごくいい母にならなきゃって思いすぎてる
ハッ
ごめん…
ママいますごく焦ってた…
やっていくしかないと
今の私は思っている

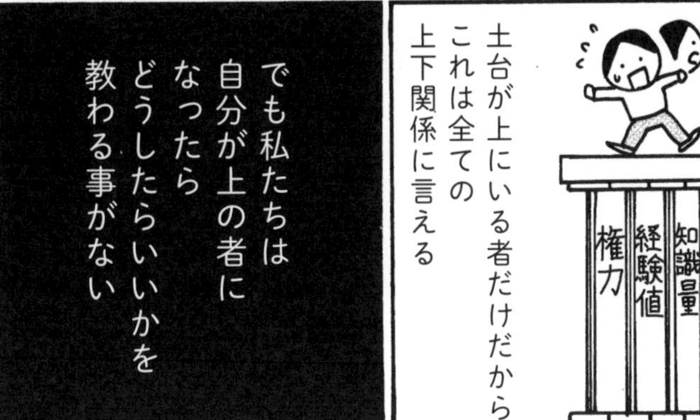

この調整ができるのは
生きている年数
知識量
経験値
権力
土台が上にいる者だけだから
これは全ての
上下関係に言える
でも私たちは
自分が上の者に
なったら
どうしたらいいかを
教わる事がない

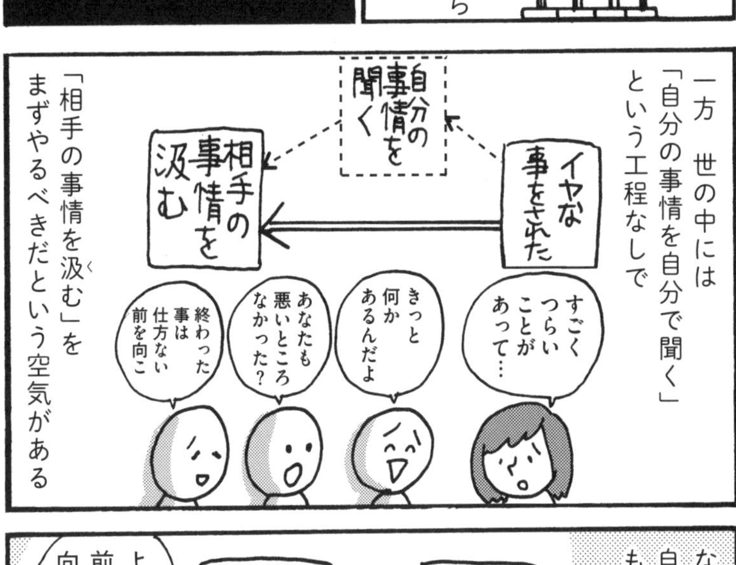

一方　世の中には
「自分の事情を自分で聞く」
という工程なしで
イヤな事をされた
自分の事情を聞く
相手の事情を汲む
すごくつらいことがあって…
きっと何かあるんだよ
あなたも悪いところなかった?
終わった事は仕方ない前を向こ
「相手の事情を汲む」を
まずやるべきだという空気がある

なので自分の事情は
自分にも誰にも聞いて
もらえないまま
相手にも事情があった
私にも悪いところがあった反省
よしっ前向いてこ
ナゼムシスルノ?
ワタシニモジジョウガアルノニ
上の者になってしまい
「下の者に事情を汲んでもらう」
ことをくりかえしていくのである

そんなわけで
そろそろこの本は
おわりです

親子関係で

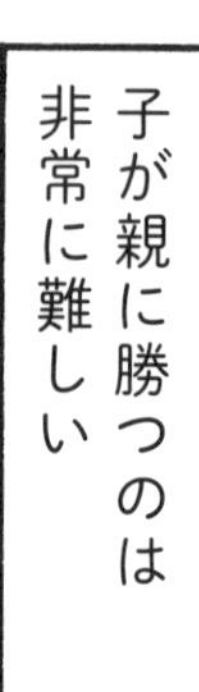

子が親に勝つのは
非常に難しい

ダメージの受け方も

回復力やもともとの
余裕(よゆう)にも

親と子では差がある

なので親に対して子が
抵抗(ていこう)しようとすると

「ひどい言葉」や
「暴れる」などの
直接的抵抗

とか

「嫌(いや)がること」とか
「逆のこと」をする
間接的抵抗

になる

その子の抵抗すらも
親というのは
うちの子はこんなにひどくて…
性格に問題が…
すべて子のせいにできたり
私が悪かったのかなって思ってるんです
自分のせいにもできるし
なーんかケンカばっかりしてたのに急に勉強が好きになって
逆に手柄（てがら）にしちゃったり

子のすべてを
回収できてしまう
それが親…
ひー

今すぐ家を出たい人も
そこまでじゃない人も
A面
しておくとよいのは
自分のB面に注目すること
B面

例えばこんな時
これ…お父さんにもらって大事にしなきゃいけないけど…
ぜんぜん気に入ってないんだよな

A面とB面の視点を
持つことができる
A面 一般的に言われてること
人がくれたものは大切にしなければいけない
人の好意をムゲにするのは失礼なこと
すきじゃない
気に入ってない
見るとゲンナリする
B面 自分の感覚

これ
やっぱり
すきじゃ
ないな
よいもの
なんだ
ろうけど…
よいと思えなくて
かなしい…
とボンヤリ思うだけ
でも自分のB面に
注目している
つまり
「自分の事情を
自分で聞いている」
状態になる

可能であれば
そういうものは
身につけない方がいいし
捨てちゃってもいいし
見えないところにしまう
といい
TRASH

どうしても身につけ
なきゃいけない時は
気に入って
ないと思って
るとつらい
から
気に
入って
ることに
しよう…
無理のない範囲で…

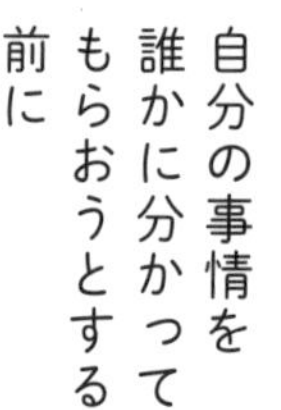

自分の事情を
誰かに分かって
もらおうとする
前に
「自分で
分かってあげる」
のが大事

そのまま
伝えようとすると
わかってくれ〜!!
言い訳
わがまま
開き直り
とか言われて
しまうことが
多い

そうすることで自分の周りへの
態度が変わって
私はどうして
あの時
イライラしちゃ
ったのかな
あの人が
あんなこと
言ったから
悲しかった
んだ
理解してもらえたり
自分の芯を確認できたりする

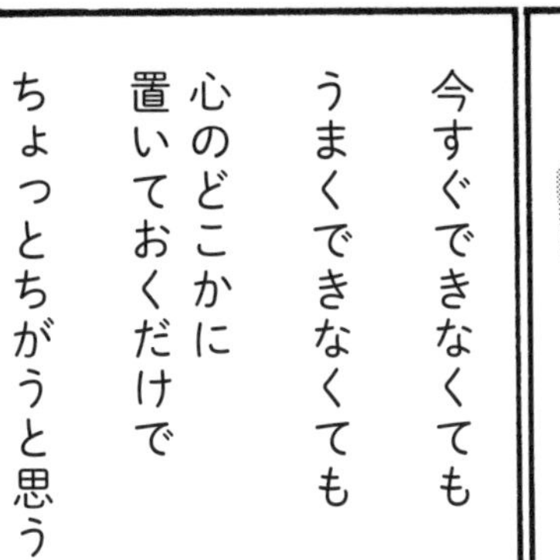

これが私から　あなたへ
渡す

困った時は
自分の気持ち、
事情を自分で
聞いてみよう

世間の声

これからも
いろんな世間の声
をゲットしながら
選んでいきながら

自分の気持ちを
大切にしていこう

おわり

あとがき

子どもの頃、優しく接してくれる大人が何人かいました。今思えば、うるさすぎる母との関係を察知してくれていたのかもしれません。そういう人たちが私へ密かに発していた「幸せになれよ」という雰囲気、まなざしの念みたいなものが、私を包んで支えてくれていたような気がします。

だから私も、親がうるさすぎて大変そうだなという子どもがいたら、勝手ながら念を送ることにしています。自分の子どもたちにも、送ります。その場合、うるさくしているのは私なのですが……。

そして、親との関係で悩みを抱えている中高生へ、念を送るつもりでこの本を書きました。

こういった本を書かせていただき筑摩書房のみなさまに感謝いたします。担当編集の金子千里さんには根気よくお付き合いいただき、最後まで丁寧に作業してくださって本当に感謝しております。装丁デザイン担当の鈴木千佳子さんに見せていただく表紙等々すべてが素晴らしく、届くたびに歓声を上げてました。作業を手伝ってくださったアシスタントの方々、関わってくださったすべての方にここでお礼申し上げます。

いつもあたたかく応援してくれる読者のみなさまも本当にありがとうございます。

そして私の二人の子どもたち、NとY。この本を書けたのはあなたたちが私に親という体験をさせてくれたおかげでもあります。ありがとう。夫もいつもありがとう。お母さんとお父さん、放っておいてくれてありがとう。それから友人のみなさま、いつも相談したりいろいろご迷惑おかけします、これからもよろしく。

最後に、Yahoo!知恵袋に「母親がうるさいです」と悩みを投稿していた16歳高校生の女性の方、あなたの質問をヒントにこの本が書けました。ありがとう。

みんな、幸せになれよ！

田房永子

次に読んでほしい本

岡田法悦著、田房永子イラスト
『キレたくないのにキレてしまうあなたへ』
朝日新聞出版、2021年

今回、うるさすぎる親との関係では「自分の事情を自分で聞く」という方法が有効であると書いた。この『キレたくないのにキレてしまうあなたへ』はゲシュタルト療法という心理療法についての本で、「自分の事情を自分で聞く」の具体的なやり方が書いてある。

子どもの頃の出来事や教えられたことによって、自分の中で決まり事を作り、それを軸にして生きるのは人として自然な行動だ。でも、成長して大人になってもその軸を守り続けようとして、自分自身が行き詰まってしまうことがある。そんな時、自分の中に固定された軸を知り、事情を聞くことで自分を癒すことができる。それを私はゲシュタルト療法で知った。

「キレられない」「感情がうまく表現できない」という人にも効果的だ。感情が出過ぎるのも、出てこなさ過ぎるのも、自分の気持ちからのメッセージだからだ。

西尾和美
『心の傷を癒す
カウンセリング366日』
講談社
＋α文庫、
1998年

親の要求に応えようとがんばらなくていいんだと知った29歳の時。何を信じて生きていけばいいのか分からなくなり、92ページのような宙ぶらりんな状態になっていた。その頃読んだ本の一冊がこの『心の傷を癒すカウンセリング366日』。

自分以外の誰かから、「こう考えるべきだ、こう感じるべきだ」と心への指図をされたら誰でも傷つく。そこからまた別の生きる指針を作る際、まずは傷だらけの状態を癒すのが必要だ。

生きる指針の基盤作りに、この本はとても頼りになった。1月1日から1年間、366日分の「こうしたらいいよ」という教えが書いてある。自分以外の誰かや何かに合ってしまっていた軸を、自分の中に取り戻せる。この本を毎日読むたび、乾ききったのどが潤されるような癒しを感じた。

水木しげる『ゲゲゲのゲーテ』

双葉新書、2015年

水木しげる氏は、人間が生き物として地球で生きる上で重要なもの（B面）を信じ繋がる力を人の千倍持ち、それらを描きながら社会的（A面）にも大成功をおさめた。A面とB面のバランスをとるための体幹のような力がすごく強い人。そういった人物の書いたものを読むだけで、自分のA面とB面のバランスも自然と調和がとれてくる。

『ゲゲゲのゲーテ』は、水木しげる氏が自身に多大な影響を与えた文豪・ゲーテの名言を厳選した本。水木氏がどのようにゲーテに惹かれ、頼りにしていたかが語られるインタビューもある。その中の「水木サンが幸福だと言われるのは、長生きして、勲章をもらって、エラくなったからなのか？　違います。好きな道で奮闘して、食いきったからです」という発言が好きだ。この場合、長生き・勲章・エラくなるはA面であり、好きな道で奮闘・食べたいものを食べきる、というのはB面だな、とか分けてみたりしながら読むのも楽しい。

上野千鶴子・田房永子『上野先生、フェミニズムについてゼロから教えてください！』

大和書房、2020年

現在の10代にとっては祖母世代の上野千鶴子氏に、母世代の私がいろいろ質問する本。

日本は、経済（A面）を発展させるための労働は男性、家事育児など生活にまつわること（B面）は女性、と役割分担することで社会を維持してきた。「社会の中心はあくまで男性で、それを支えるのが女性の仕事」という価値観の中、自分たちを縛りつける妻、母、主婦等の肩書を破り、私という人間が生きているんだ、と世の中に叫んだ人たちがいた。声を上げる（B面的行為）ことで、社会（A面）を変化させてきた。その歴史が読める。

うるさすぎる親は突然生まれたわけではなく、その前の代や社会の影響も大きく受けている。私たちの暮らす社会はどういった経緯で今こうなっているのか、自分はどうしていけばいいのかのヒントになるのではと思う。

ぼくらの非モテ研究会編著
『モテないけど生きてます
――苦悩する男たちの当事者研究』
青弓社、2020年

男性は昔から、「男らしくいなければいけない」というメッセージを社会から受けてきた。今はだんだんそういった風潮が薄くなっているが、昔は今よりもっと、男性が悲しみや苦しみを吐き出すのは「女々しい」とされ、その代わりに猛々しい感情の発露は許される空気があった。「女・子どもを守るのは男の役目だ」という〝世間の声〟も強く、つまり守ってもらう子どもという立場から、急に守る側になることを求められる。自分の苦しい感情を見つめること（B面）を許されないまま、立場（A面）を極端に変化させなければいけない。それは無理がある。

男性が自分の苦しみを吐露する。自分の心に自分で触れる。そういった自分の内面（B面）を解放することが、〝健康な〟男性を中心に作られ、「男は強くあるべきだ」という価値観を軸に形式化した社会（A面）を再構築する鍵だ。男性が、自分の事情を自分で聞き、社会に向かって吐き出したら、女性や子ども、マイノリティの人たち、次世代の人たちが息のしやすい世の中に変わる。

『モテないけど生きてます』は男性達だけで集まり、その苦しみを語り、自分を研究している様子が克明（こくめい）に記された貴重な本である。男性が心の声を語れる時代がきている。自分の心の声が分からない時は、自身のB面と向き合い自分の事情を自分で聞いている人の語りを読んで参考にしよう。一人一人の吐露が革命になる。

田房永子

たぶさ・えいこ

1978年東京都千代田区生まれ。漫画家、エッセイスト。武蔵野美術大学短期大学部美術科卒業後、漫画家デビュー。2001年、第3回アックスマンガ新人賞佳作受賞。2012年、母との確執による葛藤を描いたコミックエッセイ『母がしんどい』(KADOKAWA／中経出版)を刊行、ベストセラーとなる。その他の著書に『しんどい母から逃げる!!』(小学館)、『キレる私をやめたい』(竹書房)、『ママだって、人間』『お母さんみたいな母親にはなりたくないのに』(共に河出書房新社)、『大黒柱妻の日常』(エムディエヌコーポレーション)などがある。

ちくまQブックス
なぜ親(おや)はうるさいのか
子(こ)と親(おや)は分(わ)かりあえる?

2021年12月20日　初版第一刷発行

著　者　田房永子
装　幀　鈴木千佳子
発行者　喜入冬子
発行所　株式会社筑摩書房
　　　　東京都台東区蔵前2-5-3　〒111-8755
　　　　電話番号03-5687-2601(代表)
印刷・製本　中央精版印刷株式会社

 ISBN978-4-480-25131-2 C0395